In 27 17054

LE RÉVÉREND PÈRE

DE RAVIGNAN

PAR

LE Mis DE DAMPIERRE.

PARIS

CHARLES DOUNIOL, LIBRAIRE,

Éditeur du Correspondant,

RUE DE TOURNON, 29.

1858.

Le R. P. de Ravignan a été un grand homme et un grand saint, et il a été grand et saint, parce qu'il a été humble. Il a quitté une position élevée dans le monde, une carrière brillante, pour embrasser la vie la plus cachée, pour revêtir l'habit du Jésuite.

La renommée est venue malgré lui l'arracher à l'obscurité qu'il avait cherchée : l'éclat de ses talents, l'autorité de ses vertus, l'ascendant qu'il a exercé sur les âmes, tout devait bientôt faire du P. de Ravignan une véritable puissance. Et, cependant, il est resté le religieux le plus modeste, le plus rempli d'amour pour l'obéissance de sa règle, le plus étranger au bruit de sa propre gloire ; si bien qu'il me semble que ce serait offenser sa mémoire chérie que de faire ressortir tous les dons merveilleux que Dieu avait mis en lui.

En tout cas, et s'il convenait de faire violence à la modestie du P. de Ravignan, il ne m'appartiendrait pas d'entreprendre la tâche de louer un tel homme comme il mérite de l'être ; d'autres plus autorisés accompliront ce devoir et y consacreront des talents éprouvés. Mon seul but, en écrivant cette notice, c'est de faire connaître le côté intime d'une vie qui laisse en s'éteignant tant de grandes choses accomplies, tant et de si amers regrets ; c'est de satisfaire l'empressement de bien des cœurs émus comme le mien.

Je n'ai qu'un titre pour écrire ces lignes, c'est l'amour et le respect que j'ai portés toute ma vie au P. de Ravignan, et la connaissance exacte que j'ai eue de quelques circonstances intéressantes de sa sainte carrière. Puisse le sentiment pieux qui me guide m'empêcher de m'égarer !

Gustave - Xavier de Ravignan naquit à Bayonne le 2 décembre 1795 ; il était débile quand il vint au monde, on crut qu'il ne vivrait pas ; mais il fut mis par sa mère sous la protection spéciale de saint François-Xaxier, dont c'était ce jour-là la fête, et dont il prit le nom, et il sembla dès lors l'enfant de prédilection de ce grand saint. Au sortir des plus terribles jours de la Révolution, les cérémonies du culte catholique n'osaient se produire au grand jour dans ce pays si religieux cependant, et ce fut dans une petite chambre de la rue Neuve que le nouveau-né reçut le baptême ; il n'était pas prudent d'ébruiter cette manifestation de foi, le frère et la sœur aînés du petit enfant, le baron de Ravignan et madame la maréchale Excelmans, alors âgés de *quatre* et de *sept* ans, lui servirent de parrain et de marraine.

La gravité de ce jeune enfant, à quatre ans,

était si singulière et frappait tant tout le monde, que quelqu'un lui ayant dit un jour : Tu seras ambassadeur, on ne l'appela plus dans la famille que le *petit ambassadeur*. A six ans, son aptitude pour les jeux de calcul lui faisait de suite avertir d'une faute commise ceux qu'il regardait jouer. C'était un esprit grave, doux et appliqué déjà.

En 1804, il avait alors huit ans et demi, Gustave de Ravignan vint à Paris, accompagné de son père, et il entra dans la pension du respectable abbé Hunot, rue du Cherche-Midi, où était déjà son frère aîné ; là il travailla avec une telle ardeur que les plans de ses professeurs de le faire marcher de niveau avec d'autres élèves de son âge en furent déconcertés, et que son frère aîné fut réprimandé de ce qu'il le poussait trop à l'étude et rendait ainsi impossible l'organisation des classes déjà difficile dans une pension peu nombreuse. C'était un établissement chrétien, et le cœur de Gustave de Ravignan s'y épanouissait ; mais bientôt, en 1806, par suite de je ne sais quelles circonstances, il quitta cette maison pour entrer dans une autre plus nombreuse et plus renommée. Là, il trouva, sous un certain vernis de respect pour la religion, sous des formes extérieures scrupuleusement gardées, une surveillance peu attentive et les tristes conséquences qui devaient s'en suivre. L'application du jeune Gustave pour le travail ne se démentit pas, elle lui servit de refuge contre le mal, et ce cœur virginal, déjà marqué du sceau de Dieu, échappa à cette épreuve et resta pur. Quelle récompense il en reçut plus tard ! C'était il y a quelques années, et au milieu de ses travaux apostoliques, un jour, une femme chrétienne vient lui dire : « Vous souvenez-vous de M. ***, votre ancien maître ? — Oui, certes. — Hé bien, je suis sa fille ; il est bien malade, il a quatre-vingts ans ; je tremble pour son âme et je viens vous demander d'essayer de lui parler de Dieu. » Le P. de Ravignan accourt auprès du vieillard, il le trouve accablé par le mal, au coin de sa cheminée ; l'étonnement de voir cette robe de prêtre dans sa demeure et son effroi se peignent dans ses traits, mais tout à coup il s'écrie : « *Quoi, c'est toi, Gustave ! — Oui, Monsieur ***, c'est moi, et je viens vous parler de Dieu. Voulez-vous vous confesser ? — Oui mon ami,* » répond-il sans hésiter. Et cette âme fut sauvée.

C'était dans cette pension que Gustave de Ravignan avait fait sa première communion, et l'église de Saint-Philippe-du-Roule le vit s'unir pour la première fois à son Dieu et lui jurer cette fidélité qu'il a si bien gardée.

Ses études scolaires terminées avec éclat, en 1812, au collége Bourbon, il fut placé par ses parents chez un respectable avocat qui dirigea ses premières études de droit. Il avait vu son frère aîné embrasser la carrière militaire, et ne s'était pas senti disposé à suivre son exemple : une vie moins bruyante était plus dans ses goûts ; mais comme il était difficile, à cette époque de désastres militaires, d'échapper à l'espèce de réquisition qui atteignait toute la jeunesse, au deçà et en delà des limites ordinaires d'âge, il quitta sa famille pour venir s'établir à Bordeaux, où il ne devait pas être recherché. C'était en 1815, et il assista le 12 mars à l'entrée de monseigneur le duc d'Angoulême dans cette ville. Oh ! alors, son sang de gentilhomme s'alluma, l'enthousiasme du dévouement s'empara de son cœur, il revêtit l'habit de volontaire royaliste, et sans apprentissage, sans préparation, il se trouva un brave soldat. Il revint à Paris, cependant, et il y avait repris ses études, quand, le 20 mars 1815, le retour de Bonaparte réveilla son ardeur à peine assoupie. Il reçut le brevet de lieutenant, et partit pour le Midi, où il soutint, pendant les Cent-Jours, une de ces luttes qui, comme celle de la Vendée, devait déchirer le cœur de la patrie, mais témoigner des convictions vives et profondes que les horreurs de la révolution et la gloire de l'empire n'avaient pu éteindre. Cependant, une circonstance douloureuse devait ramener bientôt le jeune lieutenant dans une voie plus conforme à ses penchants. Dans un engagement, qui eut lieu presque sur la frontière d'Espagne, en mai 1815, à Helette, sur la route de Bayonne à Saint-Jean-Pied-de-Port, les volontaires royalistes furent surpris, plusieurs des leurs furent blessés, et entre autres leur chef, le colonel Barbarin. M. de Ravignan se précipite vers son colonel, il le prend dans ses bras, il veut le porter, le sauver, dans une retraite devenue nécessaire, mais il est sur le point d'être atteint lui-même, d'être fait prisonnier, et être fait prisonnier en ce moment, c'était être fusillé. Le colonel Barbarin prie, supplie son jeune ami de l'abandonner, de ne songer qu'à fuir, il ne peut rien obtenir; saisissant alors à la ceinture de M. de Ravignan un pistolet, il se fait sauter la cervelle. Le volontaire royaliste n'avait plus la vie de son chef à défendre; il fut sauvé; mais son âme resta profondément émue de ce souvenir. La lutte terminée, il retourna à Paris : il avait donné des preuves de sa bravoure et de son élan, il n'avait pas vingt ans, d'augustes protecteurs voulurent le faire rester dans l'armée avec le grade qui lui avait été conféré; il refusa respectueusement, et demanda la permission de retourner sur les bancs de l'école de droit, et de s'y préparer à la carrière de la magistrature.

En 1817, M. de Ravignan est nommé conseiller-auditeur à la Cour royale. Mais, contrairement aux habitudes instituées par l'empire, il fut nommé sans présentation de la magistrature et, sur l'initiative qu'avait prise M. le duc d'Angoulême. Il en résulta que le jeune magistrat fut accueilli avec froideur, et traité avec une réserve presque blessante par ses nouveaux collègues et par ses chefs. M. le premier président Séguier l'attacha à le chambre civile qu'il présidait, et, dans une intention peu bienveillante, il saisit la première occasion qu'il rencontra pour éprouver la valeur du nouveau conseiller-auditeur ; il le chargea tout à coup, sans préparation, de prendre la parole dans une procédure embrouillée, délicate à l'excès. M. de Ravignan eut à peine le temps de feuilleter le dossier mis sous ses yeux, mais il vit d'un coup d'œil le point vif où devait être porté le débat, prit la parole avec une aisance qui commença par étonner les juges, puis il parla avec l'abondance et la vivacité qui étaient alors le caractère distinctif de son éloquence, et il traita la question avec une telle supériorité qu'en sortant de l'audience, le premier président Séguier vint à lui, et lui dit, devant tous les conseillers : « Nous vous avons traité avec quelque froideur ; mais vous justifiez avec tant d'éclat la faveur dont vous avez été l'objet que, désormais, nos cœurs vous appartiennent. »

Il eut, en qualité de conseiller-auditeur, à remplir les fonctions de substitut du procureur général ; ses amis n'étaient pas sans crainte sur cette nouvelle épreuve. Il s'en tira avec un éclat qui surprit les plus vieux magistrats. Dans une cause politique importante, un jour, un accusé redoutable par son talent se défendit d'une manière si remarquable que le président, jetant les yenx sur le siége du ministère public, et, effrayé de le voir occupé par un si jeune homme, douta de lui, et hésita pour lui donner la parole, quand il s'agit de répliquer à l'accusé. L'assurance de regard et d'attitude de M. de Ravignan, la fermeté et la vibration de sa voix le rassurèrent bientôt cependant, et, peu après, il ne put se défendre d'une profonde admiration pour les ressources de cet esprit si lucide, l'entraînement de cette parole et son argumentation puissante. Le magistrat éminent, qui se plaisait à manifester quels furent son étonnement et sa joie en cette circonstance, conçut pour M. de Ravignan une affection profonde. — Tous l'aimaient, du reste ; et lorsqu'en 1820 il fut nommé substitut du procureur du roi à la Cour royale de Paris, cet avancement n'étonna personne, et ne causa aucune jalousie.

Les études de droit et les travaux de sa carrière ne remplissaient pas seuls le temps du jeune magistrat ; ardent au travail, impatient de savoir et doué de facultés merveilleuses, il apprend l'anglais, l'allemand et l'italien pour étudier la littérature de ces divers pays et pouvoir mieux en apprécier les beautés. Musicien, peintre et poëte, il trouve le temps de satisfaire son goût très-vif pour les vers et pour les arts. Son frère possède un portrait de lui, fait par lui-même, et toute sa famille a connu des satires vives et aimables qu'il trouvait le temps d'écrire au milieu des travaux plus sérieux qui l'occupaient.

Il saisissait le côté philosophique de toutes choses avec une merveilleuse sagacité,
et il éprouvait un charme extrême à vivre dans
ces hautes sphères de l'intelligence qui élèvent
l'âme et épurent le goût. Il avait de ces mots
profonds dont on se souvient comme des pré-
sages de la hauteur à laquelle devait arriver
cette grande intelligence. — Un jour, il finissait
d'annoter l'*Esprit des Lois* : « Quel beau livre
« on ferait à côté de celui-là, dit-il, et qu'on
« devrait intituler *la Morale des Lois !* »

Il est presque superflu de dire comment la
société accueillit ce jeune magistrat si éloquent, si ardent à la défendre contre ses ennemis, et qui sortait de ses rangs. Il y avait autant
d'orgueil que d'attrait dans l'empressement dont
il fut l'objet et qu'il justifiait si bien, d'ailleurs,
par l'élégance de ses manières et le charme de
sa conversation. M. de Ravignan parut se con-
former sans peine à toutes les habitudes des
salons, il fut de toutes leurs fêtes, mais ne cessa
jamais d'y apporter, cependant, la gravité et la
retenue qui étaient dans sa nature. — Là, d'ailleurs, n'étaient pas ses pensées, il se sentait
attiré par un attrait irrésistible, non-seulement
loin des plaisirs et du monde, mais loin même
des études et des travaux qui remplissaient sa
vie. Ce cœur, chrétien dès l'enfance, dans la
jeunesse, au milieu du monde, des séductions
de l'ambition et de l'étude, se sentait gagné peu
à peu par l'amour de Dieu jusqu'à vouloir lui

tout sacrifier pour vivre pauvre et obscur dans les rangs de sa sainte milice. Il avait pour confident et pour guide l'illustre abbé de Frayssinous. Dès l'année 1819, il lui demanda de consentir à son entrée au séminaire; le prudent directeur ajourna ce consentement à une année: l'année révolue, il en demanda une seconde pour éprouver la vocation de M. de Ravignan, et enfin une troisième; car ce ne fut qu'au printemps de 1822 que fut prise la grande résolution qui porta l'étonnement dans les rangs des amis et des confrères du jeune magistrat.—Leur surprise fut d'autant plus grande que le temps d'épreuve ne s'était pas passé dans la retraite. M. de Frayssinous avait exigé, au contraire, que M. de Ravignan ne s'éloignât pas du monde, qu'il y allât même davantage; il avait imposé toutes les distractions permises à un homme chrétien; la continuation de ses travaux, des voyages agréables pendant ses vacances; il ne voulait aucune surprise, et il n'avait épargné aucune séduction pour ébranler cette vocation. Mais une cuirasse cachée sous ses vêtements du monde, ou sous la robe du magistrat, ne laissait pénétrer jusqu'à ce cœur généreux d'autre pensée que celle de son sacrifice. Il mettait au pied de la croix ses succès, comme d'autres y mettent leurs douleurs; et il prenait patience en exerçant déjà dans le monde une sorte d'apostolat, qui fut plusieurs fois béni d'une manière frappante.

Le 5 mai 1822, il entra à Issy dans la maison de retraite du séminaire de Saint-Sulpice ; son bonheur était profond. Qu'on juge de l'état de cette âme par la lettre qu'il écrivait, le 13 mai, à mon père :

Au séminaire d'Issy, le 13 mai 1822.

« J'éprouve, mon cher ami, depuis quelques
« jours que je suis ici au nombre des élèves du
« sanctuaire, le besoin de vous écrire, de vous
« dire que Dieu m'a retiré enfin du monde où
« sa volonté ne s'accomplissait pas en moi. Il a
« daigné m'appeler à l'état ecclésiastique, ou
« pour mieux dire, ce que j'avais caché à tous
« mes amis et presque à moi-même, confirmer
« et décider en ma conscience les inspirations
« que la grâce m'avait envoyées depuis bien
« longtemps. Vous comprenez, mon bien ex-
« cellent ami, que j'ai consulté les prêtres les
« plus éclairés, que j'ai prié du plus profond de
« mon âme, que j'ai employé toutes les res-
« sources que la religion nous fournit. Après
« une retraite de huit jours, ignoré de tous, à
« la campagne, dans la communauté des no-
« vices sulpiciens, entre les mains d'un habile
« et saint prêtre, j'ai connu la miséricorde et la
« volonté de Dieu à mon égard. Il m'a semblé
« que je devenais libre. Des sacrifices, je n'en
« aurais fait qu'en retournant dans le monde,
« que j'ai tout lieu de craindre. Pécheur, mais
« repentant, uni de cœur aux âmes pieuses, à

« la vôtre, mon ami, je suis entre les bras de
« Dieu, je lui dévoue mon existence, tout ce
« qu'il m'a donné de forces. Quoique je quitte
« les fonctions publiques, vous savez bien qu'un
« prêtre peut être utile à son pays et à son roi,
« en servant le Roi des rois, et en travaillant
« au salut des âmes. Priez pour moi, cher ami,
« vous et toute votre famille ; pensez souvent
« à moi dans le saint-sacrifice, je ne vous ou-
« blierai pas non plus, soyez-en bien sûr. Ma
« mère a été affligée, j'ai reçu plus d'une lettre
« déchirante ; mais si mes yeux ont eu des
« larmes, ce n'a jamais été que pour aimer les
« miens et bénir Dieu de sa miséricorde à mon
« égard. Ah ! mon cher ami, que la vie qu'on
« mène ici est douce, m'y voilà pour plusieurs
« années, je ne sais plus quand nous nous ver-
« rons, mais nous nous entendrons toujours
« bien, n'est-ce pas ? Je suis libre de toute
« affaire, de tout lien, je ne retourne pas à
« Paris. Je travaille et je prie avec d'excellents
« frères. Adieu, adieu, mon cher, mon respec-
« table ami, conservez-moi votre attachement,
« il m'est bien précieux. »

Quand on connut la résolution déjà accom-
plie de M. de Ravignan, on mit tout en œuvre
pour la combattre. Les larmes de sa mère, les
prières des hommes les plus éminents dans la
magistrature, tentèrent de l'arracher de la
sainte retraite où il s'était réfugié. C'est alors

que M. l'abbé de Frayssinous fit à madame de Ravignan cette réponse prophétique : « Laissez « la volonté de Dieu s'accomplir en lui, il est « appelé à me succéder. »

On a déjà publié la lettre que lui écrivit à cette occasion un homme d'une grande autorité, le procureur général Bellart ; il est bon de la reproduire ici :

« Si je n'étais pas comme vous détrompé de toutes les affections humaines, mon cher Ravignan, je regretterais pour le monde et pour moi un bon et aimable jeune homme qui promettait de rendre des services distingués à son pays et d'être l'ornement de la magistrature.

« Tout en étant donc fort enclin à vous applaudir par mes dispositions personnelles et par le dégoût que me donne le spectacle de démence et de perversité auquel j'assiste, je crois devoir m'élever au-dessus de cette espèce d'égoïsme qui me fait envier plutôt que désapprouver votre résolution, pour vous inviter cependant à la méditer de nouveau.

« Elle est grave ; elle va vous imposer des devoirs très-austères, beaucoup de privations surhumaines, auxquelles il faut que vous soyez bien sûr de vous ployer aujourd'hui, demain, des années, à jamais, votre vie entière, sans murmures et surtout sans regrets.

« Quant à vous-même, si vous êtes bien assuré de votre persistance, je vous crois heureux de sortir de ce théâtre tumultueux, où j'éprouve trop souvent le mortel ennui de vivre pour ne pas apprécier à toute sa valeur cette douce paix de l'âme dont doit jouir celui qui est assez favorisé de Dieu pour vivre loin de ce jeu effréné de passions, de crimes et de folies qui ne se sont jamais produits plus à découvert, je crois, sur la scène du monde.

« Mais n'y a-t-il pas un peu d'égoïsme aussi dans une résolution pareille?

« Vous vous serez fait votre part des avantages de la société humaine en conquérant une position fortunée où vous échapperez à tous les dangers du siècle, mais l'avez-vous faite aux autres? Êtes-vous bien sûr de ne pas sacrifier quelques devoirs à votre goût?

« J'honore assurément du fond de mon cœur ces héros de la religion qui se dévouent à cette vie de perfection et de sacrifices, dans laquelle, quand ils n'y portent que les vues divines et que la charité, il y a tant de bien à faire à soi-même et aux autres.

« Mais il faut obtenir des grâces du Tout-Puissant d'être un héros véritable; car, si on retombe, on redevient homme, on devient moins qu'un homme. Ma tendre et sincère amitié pour vous, mon cher Ravignan, m'a suggéré une réflexion. Il peut bien se faire que, parce que je n'étais pas digne de tenter de si grands efforts, ils effraient trop, pour vous qui êtes plus que courageux, mon imagination et mon esprit. Mais mon affection paternelle vous devait cet acte de franchise. Je ne combats point votre projet, je vous engage seulement à le bien mûrir. L'engagement n'est pas pris encore; s'il l'est jamais, je ne saurai plus que vous y affermir et que former le vœu que, dans ce nouvel état, vous fassiez autant de bien que vous pouviez en faire dans celui que vous quittez.

« Je vous embrasse.

« BELLART. »

Rien ne devait ébranler une vocation longuement éprouvée, la volonté de Dieu s'accomplissait en lui, et il trouva dans la retraite d'Issy un bonheur qu'il se plaisait à révéler à tout le monde. La direction du supérieur du séminaire remplaça celle de M. de Frayssinous, qui, nommé évêque d'Hermopolis, vint dans cette même maison d'Issy se préparer à la consécration épiscopale, et voulut le jour de son sacre conférer à son disciple le premier des ordres mineurs, la Tonsure.

Mgr. d'Hermopolis avait vu avec émotion une parole, tombée de ses lèvres du haut de la chaire de Saint-Sulpice, animer ce cœur généreux de l'ambition de se sacrifier à Dieu; il chérissait tendrement l'abbé de Ravignan, et il est certain qu'il a prévu ce qu'il serait un jour... Seulement, lui-même se trompait sur les voies par lesquelles il plairait à la Providence de le conduire; il le croyait appelé aux plus hautes dignités ecclésiastiques, et il se plaisait à prédire le service que cet esprit si élevé devait y rendre à l'Église.

Ses vues devaient être déconcertées; M. de Ravignan ne trouvait plus la solitude d'Issy assez grande, son sacrifice assez complet; quelque chose du monde qu'il avait voulu fuir venait encore s'imposer à lui; il chercha, sous la pieuse et savante direction de son supérieur, les moyens de satisfaire le besoin qu'il avait d'être oublié. A ce moment, la Compagnie de Jésus était plus que jamais en butte aux outrages des ennemis de la religion, et c'était à peine si les hommes les plus chrétiens osaient s'élever contre les clameurs insensées que soulevait cet ordre; son nom était devenu une insulte. C'était bien celui que devenait ambitionner le cœur généreux de M. de Ravignan. Il voulut être Jésuite. Il ne se doutait pas qu'il échapperait à l'impopularité de ce nom, et qu'il lui serait donné un jour de le replacer à la hauteur qu'il méritait. Écoutons-le parler lui-même :

« Dans l'état où je voyais la sainte religion
« de mon maître en ce monde, après la grande
« guerre déclarée à Jésus-Christ par l'incré-
« dulité du dix-huitième siècle, la catholicité
« m'apparaissait comme une armée rangée en
« bataille sur un front d'une vaste étendue,
« pour faire face de toutes parts à l'impiété et à
« l'erreur, et porter secours à la société en péril.
« Il n'y avait plus de camps divers ni de dra-
« peaux divisés.

« Au centre, je voyais la chaire de Saint-
« Pierre dans sa majestueuse immobilité, et
« auprès d'elle, au premier rang du dévoue-
« ment et de la fidélité courageuse, l'Église de
« France avec ses évêques et ses prêtres, belle
« et forte encore malgré les jours de malheur.

.« Certes, en m'enrôlant sous la bannière du
« saint fondateur de la Compagnie de Jésus, je
« n'ai pas prétendu me séparer de la milice
« sacrée de mon pays : simple combattant, j'ai
« pris seulement un autre poste dans la même
« armée. »

Et quel était ce poste ? Celui du péril et des
outrages ; du péril et des outrages dans sa propre patrie. Il devait laisser voir un jour dans
ce beau livre « *De l'existence de l'institut des Jésuites* » où il a épanché son âme, combien une
lutte, où il ne rencontrait que l'ignorance, la
duplicité et l'injustice, était cruelle pour ce cœur
si rempli de l'amour de son pays et de l'a-
mour de la justice. Il s'écrie, après avoir es-
quissé l'apostolat des Jésuites dans les Indes :
« Quelle est donc cette belle œuvre de l'apos-
« tolat sur les rives inhospitalières et lointaines !
« L'âme si forte et si tendre de Fénelon l'avait
« ambitionnée ; et moi-même, ô mon Dieu, me
« sera-t-il permis de le rappeler ? Je l'ai pro-
« noncé ce vœu sacré que prononce le religieux
« profès de la Compagnie, d'aller en tous lieux,
« parmi tous les genres d'infidèles, au moindre
« signe de la volonté du Souverain Pontife et

« de partir sans demander l'argent nécessaire
« au voyage. Hélas ! d'autres ont été jugés plus
« dignes de cette mission bienheureuse. Et vos
« desseins sur moi, ô Seigneur, ont été de me
« retenir sur cette vieille terre de ma patrie,
« au sein d'une civilisation malade pour avoir
« abusé de tous les biens, parmi des frères qui
« ont désappris la langue que je dois leur par-
« ler. Vous m'avez donné pour partage la lutte
« à soutenir contre le mensonge et la calomnie !
« Au moins dans les missions l'on meurt, et
« tout est fini avec la terre. Ici, il faut mourir
« chaque jour et chaque jour passer de la mort
« aux angoisses de la vie. Croix pesante, mais
« croix bénie, comme toutes celles qui viennent
« de la main du Seigneur, je vous porterai avec
« résignation et avec amour tant qu'il plaira au
« ciel de vous imposer à ma faiblesse. »

Ce fut six mois après son entrée au séminaire
d'Issy, au mois de novembre 1822, qu'il le
quitta pour le noviciat des Jésuites, établi à
Montrouge. Monseigneur de Frayssinous n'ap-
prouva pas son entrée dans la Compagnie de
Jésus, et l'archevêque de Paris, Monseigneur
de Quelen, ressentit une vive peine de renoncer
aux espérances qu'il avait déjà fondées sur lui.

— Madame Ravignan, qui était loin de s'at-
tendre à ce nouveau et cruel sacrifice, sembla
dans sa douleur se révolter contre la protection
même du grand saint dont elle lui avait donné
le nom, elle accusa l'ami et le disciple de saint

Ignace d'élever cette barrière nouvelle entre son fils et elle.

Depuis l'entrée de l'abbé Ravignan à Mont-rouge jusqu'au moment où il reparut à Paris pour y faire entendre son éloquente parole, sa vie laborieuse et cachée, d'abord à Saint-Acheul, puis au fond des montagnes de la Suisse, a échappé à la respectueuse curiosité de tous ceux qui lui furent le plus chers dans le monde. Sans doute une vie de travail infatigable et uniforme ne prête guère à un récit d'un intérêt animé ; mais je ne me dissimule pas qu'il y a là pour ceux qui furent ses compagnons et ses émules de précieux trésors à recueillir; une attachante histoire à faire de ses progrès dans les études nouvelles qu'il avait dû entreprendre et de son avancement dans la perfection de la vie religieuse. Une pareille tâche n'appartient qu'à eux, et je ne ferai que jeter quelques jalons sur ce long espace de treize années d'incessants travaux, qui préparaient le successeur de Monseigneur de Frayssinous à monter dans la chaire de Notre-Dame.

Il passa ses deux années de noviciat à Mont-rouge, et là il apprit l'humilité, « la connaissance « de tout un monde caché au fond de l'âme et « d'une vie tout intérieure, » comme il l'a écrit lui-même. — Ces premiers temps furent doux à son cœur, car il s'écriait vingt-trois ans après : « Berceau chéri de mon enfance reli-« gieuse, creuset laborieux de mon âme, épu-

« ration féconde de l'intelligence et du cœur,
« je ne vous oublierai jamais ! »

De Montrouge, M. de Ravignan fut envoyé
à Saint-Acheul pour y étudier la théologie, et
il y fut ordonné prêtre en 1828, après six années
d'études, auxquelles, suivant les règles invaria-
bles de l'institut des Jésuites, devaient s'ajouter
cinq années de professorat, avant la dernière
épreuve qui précède l'exercice du ministère et
que l'on nomme *troisième année de probation*.
Voici comment s'exprime M. de Ravignan sur
cette troisième année de probation, dans son
livre de l'*Institut des Jésuites* :

« Qu'on me permette de le dire, c'est ici le
« chef-d'œuvre de saint Ignace : l'homme qu'il
« destine au ministère apostolique a passé
« comme novice deux années de recueillement
« et de silence ; puis sont venus neuf ans d'é-
« tudes et cinq à six ans d'enseignement ; il
« vient d'être ordonné prêtre et il n'a point en-
« core rempli les fonctions du sacerdoce ; le plus
« souvent, il compte trente-trois ans d'âge ; et
« quinze à seize années de sa vie religieuse se
« sont écoulées pour lui : le religieux, le prêtre
« rentre au noviciat.

« Il va, durant une année, renoncer encore à
« toute étude et à toute relation au dehors. On
« apporta de grands soins à cultiver son intelli-
« gence, il doit maintenant, pour dernière
« épreuve et pour préparation dernière, s'exer-
« cer, suivant l'expression remarquable des

« constitutions, dans l'école du cœur, *in schola*
« *affectus*. Le mot est difficile à comprendre ; il
« m'a fallu, pour en pénétrer le sens, l'année
« révolue ; et je ne prétends pas ici l'expliquer. »

Ce ne fut, en effet, qu'au bout de treize années
d'un silence complet qu'il fut permis à M. de Ravignan, orateur déjà renommé dans le monde,
dialecticien profond et érudit, de prendre la
parole pour la première fois dans la chaire chrétienne.

Il avait déjà professé la théologie pendant
deux ans, à Saint-Acheul, lorsque, en 1830, la
populace d'Amiens se rua sur le collége des Jésuites, qui ne dut son salut qu'à l'intervention
d'un escadron de cavalerie envoyé pour le pro-
téger. Le P. de Ravignan fut blessé d'un coup
de pierre au front, dans cette circonstance.
Chassé de Saint-Acheul, il vint, avec ses Frères,
s'établir en Suisse, à Brigue, en Valais. Là, il
professa encore la théologie pendant trois années qui complétaient le temps qu'il devait
passer dans la Compagnie de Jésus avant d'y
faire son second noviciat.

Sans pénétrer dans cette sainte et laborieuse
retraite, il m'est permis, au moins, de répéter
ce que les témoins de sa vie n'ont cessé de dire
de lui. L'humilité de cet homme éminent les
confondait ; sa science grandissait tous les jours,
la splendeur de son intelligence frappait tous
ses Frères, et, lui, se croyait le plus indigne, il
croyait n'avoir rien fait encore : « *Vous êtes bien*

« *bon*, écrivait-il, en 1834, pendant sa troisième
« année de probation, à un des Pères qui l'ai-
« mait le plus, *vous êtes bien bon de conserver*
« *quelque souvenir pour un vieux novice tout entier*
« *à façonner encore.* » Et, cependant, ses supé-
rieurs le jugeaient autrement ; car il fut chargé
de donner à ses compagnons de probation les
grands exercices d'un mois, et il le fit d'une manière admirable.

Après cette année écoulée, en 1834, on l'en-
voya évangéliser de pauvres paroisses du Valais ; plusieurs Pères, au nombre desquels il se
trouva, furent désignés pour aller faire des missions, et il prêcha successivement à Champéry,
Monthey, Saint-Maurice, Port-Vallais, Outre-
Rhône, Vionat, Vouvry et Leverculat. Son
cœur de flamme s'ouvrait là pour la première
fois aux pécheurs, et suivant les termes dont il se
servit en racontant un jour cette phase de sa vie
à Monseigneur Dupanloup : « *Il se plongea dans*
« *le zèle pour le salut des âmes.* »

Mais la France devait bientôt retrouver cette
voix éloquente : en 1835, il fit des conférences
pendant tout le carême dans la cathédrale
d'Amiens, et l'impression que sa parole pro-
duisit fut profonde. On ne tarda pas à le demander à Paris, et il vint prêcher le carême de
1836 dans l'église de Saint-Thomas-d'Aquin, au
milieu de ce faubourg Saint-Germain, rempli
de ses parents, des amis de sa jeunesse, des
témoins de ses succès dans le monde, et des

souvenirs d'une retraite qui n'avait pu se faire sans éclat. Son habit sévère et sa vie de sacrifice parlaient déjà bien haut à tous les cœurs; on juge ce que ce dut être quand on entendit cette parole éloquente exprimer la foi et l'amour qui brûlaient son âme, et qu'on en vit jaillir ces trésors de tendresse qui allaient au-devant de toutes les souffrances pour les guérir et les consoler.

Son expérience du monde lui donnait une autorité imcomparable, et il avait un mélange inexprimable de force et de douceur qui dominait et attirait à la fois; son éloquent panégyriste a été bien inspiré quand il a dit de lui ces paroles si vraies : « Une parole de l'Écriture « semble avoir été dite pour lui : *lex clementiæ* « *in lingua ejus* (Prov., XXI, 26). Une loi de clé- « mence était imprimée sur ses lèvres et il ne « sortait de sa bouche que sagesse et douceur. « C'est encore pour lui qu'a été écrite la cé- « lèbre allégorie du livre des juges : *Examen* « *apum in ore leonis erat, et de forti egressa est* « *dulcedo* (Judic., XIV, 14). Oui, il avait le cœur « et le courage du lion; mais je ne sais quelles « abeilles célestes étaient venues déposer un « rayon de miel sur ses lèvres : *favus mellis* « (Jud., XIV, 8); et en lui s'accomplit la grande « loi de l'ordre moral et éternel : la douceur « vient de la force : *de forti egressa est dulcedo.* »

Monseigneur de Quélen désigna le P. de Ravignan pour prêcher à Notre-Dame les con- férences du carême de 1837; il y succédait au

P. Lacordaire, et c'était une tâche difficile: il l'accomplit avec une profondeur d'érudition, une sagesse et un éclat qui l'élevèrent au premier rang des orateurs contemporains. Rien n'égalait l'autorité de sa parole: ce qu'on savait de sa vie; la présence des hommes du monde, des magistrats, ses anciens amis, qui venaient se mêler à la jeunesse, avide d'entendre ses enseignements; la suavité, la force, la pénétrante conviction qui vibraient dans sa voix, tout devait concourir à lui donner un ascendant prodigieux sur son auditoire. Il le sentit et il en profita pour fonder cette institution à jamais bénie et qui restera la gloire du P. de Ravignan, des retraites et des communions générales d'hommes à Notre-Dame.

Je ne ferai point l'histoire de ces conférences qui se succédèrent pendant onze années, de 1837 à 1847, la mémoire en est dans tous les cœurs; mais je signalerai, comme un des événements religieux les plus importants de notre époque, la fondation des retraites qui furent l'objet de la joie la plus vive que ressentit jamais le P. de Ravignan. — Ah! nous avons vu son cœur déborder de reconnaissance et de bonheur, et nous n'oublierons jamais les paroles de feu qui sortirent alors de ses lèvres.

C'est en 1842 que, pour la première fois, il annonça, vers la fin de la station, qu'il prêcherait une retraite pendant la semaine sainte. Il craignait que ses auditeurs ne fussent pas nombreux ; il indiqua la petite église de l'Abbaye-aux-Bois pour les réunir ; mais elle se trouva trop étroite, il fallut aller, dès cette année-là, continuer les exercices à Saint-Eustache, et, enfin, l'année suivante, se réunir dans l'église de Notre-Dame.

Quel spectacle que celui de cette première communion d'hommes, le jour de Pâques, à Notre-Dame, en 1842! Les temps étaient difficiles, le respect humain puissant encore, et c'est ainsi que des milliers d'hommes répondaient aux insultes journalières de la presse gouvernementale ou révolutionnaire ; car ce n'était qu'une voix contre les Jésuites. Ce n'était même pas le *père* de Ravignan qui prêchait à Notre-Dame, on n'eût pas osé prononcer ce nom, c'était l'abbé de Ravignan. L'espérance et la confiance revinrent au cœur des catholiques à la vue de la communion générale d'hommes de Notre-Dame, et la lutte commencée déjà en faveur de la liberté de l'enseignement et de l'Église, lutte à laquelle l'épiscopat prit une part si glorieuse, en reçut une vive impulsion. Le P. de Ravignon n'hésita pas, et avec une intrépidité, une puissance d'argumentation irréfutable, il osa réclamer publiquement la liberté d'enseignement et la liberté religieuse. Ce fut en 1845 qu'il publia le beau livre *de l'existence de l'Institut des Jésuites.*

Ce titre sans franchise d'*abbé* de Ravignan qu'on lui donnait lui pesait, il réclama celui de Jésuite : « Je l'avouerai, dit-il, depuis surtout que le pou-

« voir du faux semble reprendre parmi nous un
« empire qui paraissait aboli, depuis que des hai-
« nes vieillies et des fictions surannées viennent
« de nouveau corrompre la sincérité du langage
« et dénaturer les droits de la justice, j'eprouve
« le besoin de le déclarer; je suis Jésuite, c'est-
« à-dire religieux de la Compagnie de Jésus.

« Cette déclaration, je la dois à moi-même,
« je la dois à mon ministère, à mes frères dans
« le sacerdoce, à la jeunesse, à tous les fidèles
« qui m'honorent de leur confiance ; je la dois
« à l'Église, à Dieu.

« Je n'apprends rien au plus grand nombre,
« mais je satisfais au besoin de ma conscience,
« au besoin de ma position et de ma liberté.

« Il y a d'ailleurs en ce moment trop d'igno-
« minies et trop d'outrages à recueillir sous ce
« nom, pour que je ne réclame point publique-
« ment ma part d'un pareil héritage.

« Ce nom est mon nom, je le dis avec sim-
« plicité : les souvenirs de l'Évangile pourront
« faire comprendre à plusieurs que je le disc.
« avec joie. »

Ce livre de *l'Institut des Jésuites* causa une vive
impression : rien n'égale le profond bon sens
de tous ses arguments, la vivacité de sa logi-
que, et on sent partout l'émotion de l'homme
d'honneur offensé par l'injustice et l'aveugle
ignorance de ses adversaires.

« Je ne vous demande, disait-il, ni existence
« publique et reconnue, ni la moindre part de

« la fortune de l'État; je demande seulement
« à respirer comme vous l'air libre de la patrie.
« Je prétends, dans ma vie privée et dans ma
« conscience, pouvoir faire des vœux et suivre
« avec mes Frères, dans une habitation et une
« paix communes, des règles approuvées par
« l'Église catholique.

« Et, en quoi, je vous prie, cette liberté
« gêne-t-elle la vôtre? gêne-t-elle une liberté
« quelconque?

« Mais en Angleterre, en Belgique, aux États-
« Unis, là où la liberté de conscience est une
« réalité, les religieux, les Jésuites comme
« d'autres, ont publiquement des colléges et
« des établissements nombreux de tout genre :
« personne ne pense qu'il soit juste et légal
« de les bannir.

« Pourquoi le ferait-on en France, où ils ne
« possèdent assurément pas une aussi large
« part du droit commun ? »

Et plus loin :

« Enfant blessé dans mon âme par les longs
« malheurs de ma famille et par la douloureuse
« iniquité de la sentence qui pesa sur elle, je
« n'ambitionne aucune renommée, je n'apporte
« point de talent; je n'ai qu'une inébranlable
« conviction. Je ne demande que justice et vé-
« rité; je n'ai pas besoin d'autre chose. »

Le P. de Ravignan terminait son livre par
cette prière prophétique :

« Seigneur, vous ne permettrez pas toujours

« que l'iniquité triomphe sans retour ici-bas,
« et vous ordonnerez à la justice du temps de
« précéder la justice de l'éternité. »

Ses vœux devaient être exaucés, mais il fallut pour cela un coup de tonnerre qui ébranla le monde, selon une belle expression.

Cependant les retraites d'hommes de Notre-Dame n'avaient pas suffi au zèle du P. de Ravignan, il y ajouta des retraites des femmes qui eurent lieu en 1846 et 1847, et des instructions pour les ouvriers ; il prêchait ainsi trois fois par jour, et en répandant son âme il épuisait aussi sa vie. Bientôt ses forces le trahirent, il dut cesser ses prédications de Notre-Dame, d'abord, et puis renoncer presque entièrement à parler. Alors commença pour lui un nouvel apostolat non moins fécond que celui de Notre-Dame. Le renom de ses talents, de ses vertus, de sa douceur vraiment apostolique et de sa tendresse de cœur, poussait dans ses bras tous ceux que le doute atteignait au dehors du catholicisme, tous ceux que les souffrances de l'âme accablaient ou que la mort était près d'atteindre après une vie orageuse. Et, lui, était bien plus au malheur de tous ces inconnus qu'à ses propres amis ; il quittait les uns pour les autres et se trouvait toujours auprès des plus délaissés. Qui dira toutes les âmes qu'il eut le bonheur de sauver, toutes celles dans lesquelles il porta la lumière et la paix ! La confiance qu'il inspirait était telle, sa connaissance du cœur humain si

profonde que, quand il avait parlé, on ne doutait plus. L'autorité et l'affabilité de sa parole
avaient quelque chose d'irrésistible, et l'ascendant qu'il a exercé dans ses rapports privés a
été certainement supérieur encore à celui qu'il
avait sur son auditoire de Notre-Dame. On ne
se lassait pas d'admirer la prudence de ses conseils, sa connaissance du monde et sa constante sérénité.

Quel mépris pour lui-même à côté de cette
autorité sur les autres! Jamais on ne pouvait
obtenir de lui un mot qui le concernât, et il avait
une habileté charmante pour changer le cours
d'une conversation aussitôt qu'elle devenait per-
sonnelle, ou pour ne pas répondre à une question inspirée par les préoccupations que causait
sa santé. Il n'avait jamais une plainte. «Je suis fa-
tigué, » dit-il une fois, la veille de sa mort, alors
qu'il était accablé par la souffrance, et cette seule
plainte le remplit de chagrin et d'amertume, il
voulut durant son agonie s'en humilier deux fois.

Son illustre ami, Monseigneur Dupanloup, a
eu bien raison de lui appliquer le mot de Bos-
suet, en parlant du grand maître de Navarre :
« La France n'a jamais eu une âme plus fran-
« çaise que la sienne. » Dans les derniers jours
qui ont précédé sa mort, au milieu de ses profondes méditations, on le vit une fois, ému, les
yeux levés au ciel, s'écrier : « France ! chère
« France ! » Il aimait sa patrie de toutes les
forces de son cœur.

Avec quel patriotisme il savait parler d'elle !
« Ah ! ils ne savent pas, ces hommes qui inter-
« disent au Jésuite l'amour de son pays, quelle
« délicieuse émotion de joie il éprouve en re-
« trouvant parmi les tribus sauvages du Nou-
« veau-Monde quelques-uns des sons de la
« langue natale, ou en entendant dans les mers
« de la Chine et du Japon le lointain retentis-
« sement de la gloire de nos armes !

« Et la France nous serait moins chère à
« nous qui ne l'avons pas quittée ! Nous ne se-
« rions pas fiers de ses triomphes dans la paix
« comme dans la guerre, de son génie pour les
« lettres et pour les arts, de ses hardies con-
« quêtes dans le domaine des sciences et dans
« les régions nouvellement ouvertes à l'indus-
« trie ! Nous n'aimerions pas en elle le foyer
« véritable de la civilisation chrétienne ! Nous
« ne serions pas heureux des ineffables conso-
« lations qu'aujourd'hui encore elle donne à
« l'Eglise ! »

L'esprit et l'amour de la pauvreté ont été
poussés par le P. de Ravignan aux plus extrê-
mes limites. On a raconté avec pompe comment
à son entrée à Saint-Sulpice il s'était débarrassé
avec joie de toute sa fortune : ce n'était que le
premier pas dans la voie de la perfection où il
devait arriver. Un jour, pendant une de ses sta-
tions de carême les plus brillantes de Notre-Dame,
en 1840, si je ne me trompe, c'était un lundi, un
de ses amis les plus anciens va pour voir le P.

de Ravignan, rue des Postes, où il habitait alors ; le Père était sorti et il l'attendit. En l'attendant, il causa avec les Frères portiers, et par une heureuse indiscrétion, il apprit qu'il n'y avait plus de pain ce jour-là pour la communauté, et que la veille le P. de Ravignan, descendant de la chaire de Notre-Dame, n'avait pas eu de quoi dîner. Le P. de Ravignan rentre, l'ami va à lui avec émotion, lui raconte ce qu'il vient d'apprendre et lui demande si c'est littéralement vrai : alors le P. de Ravignan éclate de ce rire franc et charmant que mon cœur entend encore, lui avoue que c'est parfaitement la vérité, et que le cas est si pressant que ce serait leur rendre un grand service que d'envoyer de suite un peu de pain aux autres Pères et à lui, et quelques instants après, du pain, des haricots et des pommes de terre furent apportés.

Ceci, je le sais bien, parce que je l'ai vu.

M. Aubineau raconte comment, au milieu de ses luttes en faveur de la liberté religieuse, ayant passé tout un jour en conférences successives avec les hommes éminents qui venaient chercher auprès de lui des conseils, le P. de Ravignan fut trouvé le soir occupé à balayer sa chambre : il n'avait pas eu le temps de remplir cet office plus tôt.

Quels enseignements dans de pareils récits !

Dans ces dernières années, le P. de Ravignan retrouva assez de forces pour aller prêcher dans la chapelle du Sacré-Cœur des retraites aux femmes du monde ; il prêcha même un carême aux Tuileries. Il aimait l'œuvre des retraites du Sacré-Cœur, et il sentait qu'il y faisait du bien. On le trouva un peu sévère d'abord ; l'austérité de sa parole contrastait avec l'élégance de son auditoire ; il le choqua une fois ou deux par de dures paroles ; mais il y avait au fond de ce cœur tant de compassion et d'indulgence pour les misères de l'humanité, tant de délicatesse dans ce langage, qu'il n'eut pas de peine à faire oublier sa sévérité. Sa santé, cependant, était si ébranlée qu'un accès de fièvre suivait chacune de ses prédications ; mais son zèle n'admettait pas de ménagements.

C'était dans une retraite aux pauvres Carmélites de la rue de Messine qu'il devait épuiser ses dernières forces. Ses méditations sur la perfection de la vie religieuse et les voies sacrées qui y conduisent devaient préparer le saint et illustre religieux au grand jour de sa mort ; jour de délivrance et de joie pour lui, jour de deuil et de douleur pour sa Compagnie, pour tous ceux que cette vive lumière éclaira et consola, pour le monde chrétien tout entier.

Il faut dire quelques mots de cette mort admirable. — Le P. de Ponlevoy, le supérieur et l'ami du P. de Ravignan, a pris soin de recueillir les élans de ce cœur généreux à ses derniers moments, et les a consignés dans des pages qu'on lira en entier : elles font bien comprendre ce qu'a été le P. de Ravignan dans sa vie et dans sa mort : l'humilité la plus incroyable, l'amour de Dieu et de son Ordre, la joie de mourir, ont été les sentiments les plus vifs de ses derniers jours.

« L'attrait que le P. de Ravignan avait, même en santé, pour le silence et la solitude était devenu, comme un invincible besoin, » dit le P. de Ponlevoy, et il répond un jour à son supérieur qui lui offre de le venir voir pendant une retraite qu'il va faire : « Oh! non, je ne veux pas, je n'ai « besoin de personne. Je ne suis jamais seul « quand je suis avec Dieu, et je ne suis jamais « plus avec Dieu que quand je suis seul. »

C'était déjà une conversation pour ainsi dire constante avec ceux qui, du ciel, lui tendaient les bras, avec saint Ignace surtout. « Il jouissait de l'assistance sensible et comme de, la présence réelle de saint Ignace, dit le P. de Ponlevoy, il le voyait des yeux de l'âme, conversait avec lui et durant de longues heures d'oraison, lui répétait sans cesse : «Mon Père! mon Père! »

Admirons son humilité au milieu des grâces dont Dieu le comblait. Il s'écrie : « Ah! je suis « confus, humilié de penser que Dieu m'a par- « donné, je ne le comprends pas, non; et encore « qu'il m'ait lavé de mes iniquités par les expia- « tions des autres. C'est un mystère pour moi.»

« Ah ! mon Père, j'ai le désir de mourir; trop « peut-être. Cependant Dieu m'est témoin que « ce n'est pas pour ne plus souffrir sur la terre, « mais seulement pour le voir dans le ciel.»

Et une autre fois :«Je le sens, c'est Dieu, Dieu

« tout seul qui opère en moi, je ne fais rien, je
« ne suis que passif. Je dois tout, après sa bon-
« té, aux prières qu'on fait pour moi. Je ne
« comprends rien aux bontés de Dieu ; c'est un
« abîme. »

Quels sublimes élans du cœur vers Dieu dans
son amour pour lui ! Mais c'est surtout la joie de
mourir qui déborde de son âme, jusqu'au point
de se la reprocher, et pourtant : « ce n'était pas
chez lui un empressement inquiet ou pusilla
nime, dit le P. Ponlevoy, il n'y avait là aucune
préoccupation ; sa pensée était sereine devant
la vie comme devant la mort, mais, encore une
fois, il était seulement résigné à vivre, tandis
qu'il était ambitieux de mourir, et nul n'a mieux
compris cette parole célèbre de saint Augustin :
Patienter vivit, delectabiliter moritur.

Il écrit le **13** février :

« Je suis calme et joyeux depuis que j'ai des
« assurances certaines de ma fin : pourvu qu'elle
« ne tarde pas à venir ! »

On lui dit quelques jours après : « Mon bon
« Père, vous baissez. — Ah, je le sens bien !
« mourir ! oh, quelle joie ! quel bonheur ! »

C'est dans ces sentiments de confiance et
d'admirable piété que le saint, l'illustre P. de
Ravignan a rendu son âme à Dieu le vendredi,
26 février 1858, à une heure et demie du matin.

C'est bien la mort du juste.

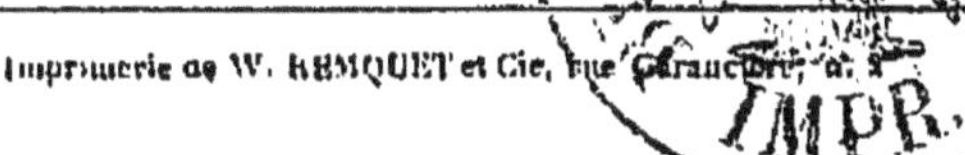

Imprimerie de W. REMQUET et Cie, rue Garancière, 5.